Das Seebad

auf Föhr in der Westsee.

———

Vom

Land- und Gerichtsvogt von Coldiß

———

Husum,
gedruckt bei H. A. Meyler, königl. priv. Buchdrucker.
1819.

Der berühmte Lichtenberg, welcher zur Errichtung von Badeanstalten in Deutschland zuerst aufforderte *), empfahl dazu die Küsten der Nordsee. Gleichwohl ist es bekannt, daß daselbst an der Ostsee früher, als an der Nordsee Bäder eingerichtet sind. Erst in den letzteren Jahren scheinen die Schwierigkeiten, welche das Seebad an der Nordsee fand, gehoben zu seyn und der im Jahre 1801 auf der Insel Norderney an der Ostfriesischen Küste eingerichteten Anstalt folgten 1816 das Seebad zu Cuxhaven. In unserm Vaterlande hat die Sache denselben Gang genommen. An der Westsee ist noch keine andere, als die kleine Anstalt, welche im vorigen Jahre bey Tönning, wie man versichert, zweckmäßig eingerichtet wurde, wegen des abschüssigen und schlickigen Ufers der Eider aber das Baden in freier See nicht gestatten soll. Die vorzügliche Lage von Föhr und die Reinheit und Reichhaltigkeit des sie umgebenden Wassers scheinen diese Insel besonders zur Einrichtung einer Seebadeanstalt zu empfehlen. Seit Jahren ist daher eine solche schon gewünscht

*) In einem äußerst anziehenden kleinen Aufsatze, welcher in der Schrift: „Ritzebüttel und das Seebad zu Cuxhaven vom Amtmann und Senator Abendroth. Hamb. 1818," von Neuem abgedruckt ist. Wer an das Seebad denkt, wird diese gehaltreiche Schrift ungern entbehren und den sie beschließenden Lichtenbergschen Aufsatz mit vielem Vergnügen wieder lesen.

und angeregt und wird gegenwärtig zur Ausführung gebracht. Es wird nemlich zu Wyck auf Föhr die Veranstaltung zum Baden in der See und zu warmen Bädern getroffen.

Den Nutzen des Seebades darzustellen, dazu darf ich, als Laye in der Heilkunde, mich nicht berufen achten; auch ist derselbe eben so allgemein bekannt, als über allen Zweifel erhoben. Die Zunahme der Seebadeanstalten in den letzteren Jahren und hauptsächlich der Umstand, daß die Anlegung neuer Anstalten dem Besuch der frühern keinen Eintrag gethan zu haben scheinen *), find aber so einleuchtende, als unwidersprechliche Gründe zur Schätzung des Seebades. Eben so wenig ist es nach dem, was Lichtenberg darüber gesagt hat und was seitdem durch Beobachtungen und oftmals wiederholte chemische Untersuchungen allgemein anerkannt ist, nöthig, über die Vorzüge der Nord- oder wie wir sie nennen, Westsee zur Anlegung von Seebädern ausführlich zu seyn. Das Wasser der Westsee ist bei weitem reichhaltiger und kräftiger, die Oscillationen des Wassers find, wie ein angesehener Arzt urtheilt, größer, die feinen und füchtigen Stoffe entwickeln sich in größerer Menge, das Wasser wird kräftiger vom Sonnenlicht durchdrungen und erwärmt, wenn es bei der kommenden Fluth über den erwärmten Sandboden allmählig sich erhebt. Ich werde daher nur die Gelegenheit der In-

---

*) so sollen z. B. ungeachtet der neuen Anstalt zu Cuxhaven auf der kleinen Insel Norderney vorigen Sommer noch 2500 Badegäste gewesen seyn.

sel Föhr und deren Vorzüge vor anderen Punkten selbst
an der Westsee anzudeuten suchen.

Die Insel Föhr liegt eine starke deutsche Meile
von der Westküste des Herzogthums Schleswig entfernt. Ringsum von den Wogen der großen Nordsee umspült, ist der Meeresgrund überall an der Küste
fest und an vielen Stellen sehr rein und frei von Mu-
scheln und scharfen Steinen, woran die Badenden sich
verletzen könnten. Eine solche reine Stelle ist ganz
nahe bei dem Flecken Wyck, womit auch die (der
Cuxhavener Anstalt abgehenden) großen Vortheile ver-
bunden sind, daß man hier nach dem Badeplatze
für die Karrenbäder nicht erst weit zu gehen hat,
daß man nach Süden badet und durch die Häuser
des Fleckens und das hohe Ufer vor dem Nordwest-
winde beim Baden geschützt ist. Auch ist der Meeresgrund an der Küste sicher und dacht sich nur allmählig ab, so daß man ohne alle Gefahr und mit
der größten Bequemlichkeit daselbst baden kann. Das
Seewasser an dieser Stelle ist von dem Herrn Apo-
theker Becker untersucht; ein bürgerliches Pfund
(32 Loth), in der letzten Hälfte des abgewichenen
April Monats bey Fluthzeit geschöpft, enthält:

Salzsaures Natrum (Kochsalz) .	179⅓	Gran
Schwefelsaure Kalkerde	7	;
Kalkerde	1⅔	;
Schwefelsaure Talkerde (Bittersalz)	11	;
Salzsaure Talkerde	67	;
Harziger Stoff	—⅔	;
	266⅔	Gran

und da das Seewasser im Nachsommer bekanntlich reichhaltiger an festen Bestandtheilen ist, so erhielt derselbe im August des Jahres 1817 aus einem Pfunde Seewasser 310 Gran!

Es ist so wenig meines Amts, Vergleichungen mit den Bestandtheilen des Seewassers bey andern Bädern anzustellen, als es meine Sache ist, der hiesigen Anstalt auf Kosten Anderer einen Ruf zu gründen. Nach den bekannt gewordenen chemischen Untersuchungen übertrifft indessen das hiesige Seewasser, welchem durch keinen benachbarten Strom süßes Wasser zugeführt wird, an Gehalt das Wasser aller bisher angelegten Seebäder. Aus einem Civilpfunde erhielt man nämlich:

zu Föhr	310	Gran
— Norderney	249²/₄	s
— Tönning	240	s
— Cuxhaven	216	s
— Doberan	129²/₃	s
— Travemünde	108¹/₅	s

Diese Zusammenstellung läßt jedoch keinesweges den Schluß zu, daß das hiesige Seebad nach dem Grade der Reichhaltigkeit des Wassers die übrigen Bäder an Kraft und Wirksamkeit übertreffe oder einen unmittelbaren Vorzug erhalte. Es sind nämlich ohne Zweifel dem Seewasser allein nicht alle Wirkungen der Bäder zuzuschreiben und in vielen Fällen wird sogar schwächeren Bädern der Vorzug ertheilt. Davon aber abgesehen, wird es nicht in Abrede gestellt werden können, daß eine vom großen Meere umflossene Insel bey jedem Winde und unter allen Umständen ein gleich kräftiges Bad darbietet und daher im Allgemeinen Vorzüge vor den Bädern in den Buchten und an der Küste des festen Landes hat, besonders an unserer Westküste, wo das Ufer oft schlickig ist und daher wohl Bäder von Seewasser, aber keine Seebäder möglich sind. Gleichwohl hängt nach dem Ausspruch der Aerzte die Wirkung des See= bades eben so viel von den flüchtigen als den festen Theilen des Seewassers ab und ist dessen Heilkraft vorzüglich in dem Leben der rollenden Wogen zu suchen.

Diese Vorzüge der Lage von Föhr vor den Bä= dern der Ostsee und in mancher Hinsicht selbst vor der Curhavener Anstalt *) haben seit Jahren schon und ehe die Bäder zu Oldesloe, Kiel und Apenrade ent= standen oder in Vorschlag gebracht sind, den Wunsch erzeugt, daß ein Seebad daselbst zu Stande kommen möchte, zumal da nach der Versicherung der Aerzte die Einwohner der Westseite der Herzogthümer beson= ders häufig an verschiedenen langwierigen Krankhei= ten leiden, in welchen das Seebad als ein ausgezeich= netes Heilmittel sich bewährt hat. Durch die lobens= werthe Bereitwilligkeit der hiesigen Einwohner wird

---

*) Die Richtigkeit dieses Urtheils beweisen (in so fern es noch nöthig seyn sollte) theils der Lichtenbergi= sche Aufsatz, theils die Schrift des Herrn Amt= manns Abendroth z. B. S. 156 folg., wie auch nach der Charte die Nähe das Fahrwassers auf eine sehr schräge Abdachung des Ufers an der Ba= destelle schließen läßt. Uebrigens kann diese Ver= gleichung den genannten Bädern auf keine Weise zur Nachtheil gereichen.

diese wohlthätige Einrichtung zur Ausführung gebracht,
so daß schon zur bevorstehenden Badezeit davon Gebrauch gemacht werden kann. Nach dem bekannten
Muster der Englischen Badekutschen wird eine hinrei-
chende Anzahl davon angeschafft, um in der See zu
baden und zugleich wird ein nahe am Ufer bele-
genes, bequemes Haus zu warmen Bädern eingerichtet, die auch als Regen -, Tropf- und Sturzbäder,
Douche, so wie Schwefelbäder angewandt werden können. Eine genauere Beschreibung dieser Einrichtun-
gen muß einer künftigen Zeit vorbehalten bleiben.

Föhr kann sich nicht der reizenden Gegenden rüh-
men, womit die Natur die gegenüber liegende Küste der
Ostsee ausgestattet hat und wird daher dem Fremden nicht
die Abwechselung und Unterhaltung gewähren, welche
den Aufenthalt in den Ostseebädern so angenehm machen. Aber die Rücksicht auf den medicinischen Nutzen wird immer die Hauptsache bleiben. Dieses beweisen die vielen Bäder an den zum Theil kahlen
Küsten Englands und die kleine Insel Norderney,
welche, selbst nach der reizenden Darstellung des Hrn.
Medicinraths v. Halem, in keiner Hinsicht mit Föhr
zu vergleichen ist. Uebrigens ist Föhr durch gedruckte
Beschreibungen und durch die Erzählungen derer, welche die Insel besucht haben, von einer zu vortheilhaf-
ten Seite bekannt, als daß es wegen seiner Lage und
Beschaffenheit noch ein Vorurtheil zu bekämpfen haben
könnte. Für diejenigen, welchen unsere Insel ganz
fremd ist, wird mir obliegen, einige Umriße von deren Beschaffenheit und dem Seyn auf derselben zu
entwerfen, um Zutrauen bei ihnen zu erwecken, wenn

die Vorzüglichkeit des Bades sie darauf Rücksicht neh= men ließe *).

Föhr hat vielleicht seinen Namen von der Fähre, welche, wie es noch landfest war, zwischen diesem Theile des alten Nordfreslandlandes und Nordstrand über die schmale Tiefe (damals Steinsee und Jvensee) statt fand. Seit dem dreyzehnten Jahrhunderte ist es eine Insel. Der nächste Punkt auf dem festen Lande ist Dagebüll, wovon die Ueberfahrt nach Föhr zu jeder Fluthzeit und also zweimal in vier und zwan= zig Stunden vor sich geht und in gut eingerichteten Fahrzeugen von verschiedener Größe leicht und bey gutem Wetter angenehm ist. Bey günstigem Winde dauert sie nur drey viertel Stunden und da Föhr Westsüdwestlich von Dagebüll liegt, so sind alle Winde von Nordwest über Norden nach südost günstig. Mit seinen Kirchen, Mühlen und Dörfern erhebt Föhr sich im freien Meere ziemlich hoch über den Spiegel des= selben. Das freundliche Ansehen des Fleckens Wyck beym Anlanden verspricht schon eine freundliche Auf= nahme bey dessen Bewohnern. Durch den Wycker Hafen hat Föhr den großen Vorzug vor allen übri= gen Inseln der Westsee, daß man an einer bequemen Schiffsbrücke aussteigt.

Die eigene Bauart der Häuser auf dem Lande, die besondern Trachten des Frauenzimmers und man=

---

*) Ein Mehreres findet sich in Niemanns Stati= stik, in den Schleswig Holsteinischen Pro= vinzialberichten von 1791 S. 244. und von 1793 S. 1. Siehe ferner Neue S. H. Prov. Berichte von 1809.

ges Andere machen auf den Ankommenden den Ein-
druck, daß er sich in einem fremden Lande fühlt;
jedoch verursacht dieses keine unangenehme Empfindung, sondern dient nur dazu, seine Aufmerksamkeit
auf alles, was ihm vorkommt, rege zu machen. Inseln haben immer etwas Eigenthümliches und jede
Verschiedenheit fällt hier mehr auf, als auf dem festen Lande, wo der Uebergang allmählig ist.

Föhr ist etwa anderthalb Meilen lang und eine
Meile breit. Die nördliche Hälfte der Insel ist Marsch-
oder niedriges Land, welches durch einen Deich vor
den Fluthen des Meeres geschützt wird, die südliche
Hälfte ist Geestland. Die Marsch, welche freylich den
Marschen des festen Landes bey weitem nicht gleich
kommt, dient zur Viehweide und Heuwindung, auch
wird daselbst schwarzer Haber gebaut, wovon eine be-
deutende Ausfuhr statt findet. Die Geest erzeugt
Gärste und vorzüglichen Rocken zum Bedürfniß der
Einwohner. Die Dörfer liegen auf der Geest, fast
alle an der Gränze der Marsch von Ossen nach Westen in geringer Entfernung von einander. Da die
Bevölkerung von Föhr, die vor dreyzig Jahren auf
fünf tausend sechs hundert Seelen angegeben ist, seit
der Zeit aber abgenommen hat, sich auf den Flecken
Wyck und sechszehn Dörfer beschränkt, so ist schon
abzunehmen, daß einige Dörfer sehr ansehnlich und
größer, als gewöhnlich auf dem festen Lande seyn
müssen. Der Herr Pastor Boysen behauptet von
Wyck, daß die Hauptstraße darin das völlige Ansehen
einer artigen kleinen Stadt habe und daß man fast
in allen Dörfern Häuser sehe, welche nach Verhält-

niß ihrer Größe keine wohlgebauete Stadt verunzie-
ren würden. Der Fremde wird diese Bemerkung noch
jetzt richtig finden, wenn gleich der lange Krieg und
die Stockung des Handels und der Seefahrt auf einer
Insel, die großentheils aus Seefahrern besteht, un-
vermeidlich traurige Spuren zurück lassen mußten und
sich daher jetzt leider manche Häuser, besonders in Wyck
finden, die mehr den früheren, als den gegenwärtigen
Wohlstand ihrer Besitzer beurkunden. Die Insel besteht aus dem Flecken Wyck mit eigener Gerichtsbarkeit, der Landschaft Osterlandföhr und dem Birk
Westerlandföhr. Diese drey Commünen sind in Hinsicht ihrer Oeconomie, wie der Rechtspflege völlig
von einander getrennt und Westerlandföhr mit Amrum gehört sogar zur Krone Dänemark. Jede Com-
müne wird durch Repräsentanten vertreten, welche
ihre Oeconomie und die Hebung der Landesanlagen
besorgen, da jede Commune für ihre nach Pflugzahl zu
entrichtenden Herrschaftlichen Gefälle der Königl. Casse
solididarisch haftet und daher auch berechtigt ist, die
Contribuenda unter sich nach eines Jeden Vermögen
zu repartiren. Diese, in fast allen Gegenden unsers
Vaterlandes, die einst die Wohnsitze der alten Fresen
waren, noch jetzt bestehende Steuerverfassung mit der
solidarischen Verbindlichkeit ist eine vortrefliche Einrichtung, welche unsere Altvordern, wie es scheint, mit
dem Schillingenglisch Buche, wornach die Besteurung
auf Oster- und Westerlandföhr geschieht, von den Engländern angenommen haben. Wenigstens findet sie sich
in England, wo sie durch den großen Alfred schon
gestiftet ist und kann bey dem vielen Verkehr der Fresen mit den Engländern, welche auch die Kirchen auf

Föhr gegründet haben sollen, leicht von dort hieher verpflanzt seyn. Das Vorzügliche der hiesigen Verfassung verdient mehr bekannt gemacht und nachgeahmt zu werden.

In dem Flecken Wyck besteht das Gericht aus dem Gerichtsvogt und zwey Beysitzern, in der Landschaft Osterlandföhr aus dem Landvogt und zwölf Rathmännern. In diesen Gerichten, welche das Ordinarium bilden, haben sich die Volksgerichte der freyen deutschen Stämme noch erhalten, wie wohl Bequemlichkeit und Rücksicht auf Kostenersparung die Thätigkeit dieser Gerichte in der Maaße beschränkt, wie sie den Wirkungskreis des Lands- und Gerichtsvogts erweitert haben. Mit Ausnahme der geringfügigen und anderen Sachen, worin die Gesetze ausdrücklich ein summarisches Verfahren vorschreiben, wird die Coagnition des Land- und Gerichtsvogts nur durch die Wahl der Partheyen begründet, indem es jeder Parthey frey steht, in den dazu geeigneten Sachen zum Ordinarium zu provociren, so wie die Vögte die Sachen dahin verweisen können. Da sich auf diese Weise die großen Vortheile einer freyen Wahl des Gerichts mit den Vorzügen der Volksgerichte verbinden, so finden wir in der Gerichtsverfaßung auf Osterlandföhr ein Beyspiel von einer zeitgemäßen Modifikation der Volksgerichte und es wäre vielleicht nur noch zu wünschen, daß das Beweisverfahren in peinlichen Sachen durch die Theilnahme des Volks besser eingerichtet würde. In Concurssachen sprechen diese Gerichte die Prioritätsurtel, so wie sie über größere Verbrechen in Gemäßheit der allerhöchsten Entscheidung

die Strafe erkennen; auch geschehen alle formelle Zeu-
genabhörungen und die Eidesleistungen in Wyck vor
dem Gerichtsvogt und den Beysitzern und in der Landschaft vor dem Landvogt und zwei Rathmännern.
Auf Westerlangföhr ist die Gerichtsverfassung ganz
verschieden und nach den daselbst geltenden dänischen
Rechten eingerichtet. Der Birkvogt ist zugleich der
benachbarten Insel Amrum vorgesetzt.

In kirchlicher Hinsicht findet eine andere Einthei-
lung nach den drey Kirchen auf Föhr statt. Wyck
mit einem Theile der Landschaft Osterlandföhr ist zur
St. Nicolai Kirche, der andere Theil von Oster- und
einige Dörfer von Westerlandföhr sind zu St. Johanniskirche und die übrigen westlichen Dörfer zur St.
Laurentii Kirche eingepfarrt. Die Seelsorge auf Föhr
ist vier Predigern anvertraut, von denen zwey an der
St. Johanniskirche stehen, einer alten Kreuz — und
der größten Landkirche in beyden Herzogthümern. In
Hinsicht der Armenversorgung findet dieselbe Einthei-
lung nach Kirchspielen statt, ohne daß freylich die beyden östlichen Kirchspiele den Ruhm des St. Laurentii-
kirchspiels theilen können, sehr wenig Arme zu haben
und dadurch nicht belästigt zu werden, welche Aus-
zeichnung die dortigen Einwohner durch größere Spar-
samkeit, Entfernung des Luxus und durch zweckmäßi-
ges Vorbeugen der Verarmung verdienen. Es herrscht
jedoch auch in den anderen Kirchspielen ein reger
Eifer, das Armenwesen gründlich zu verbessern, wovon die guten Folgen nicht ausbleiben werden. Zu
St. Johannis wird eine Armen- und Arbeitsanstalt
errichtet und zu St. Nicolay haben die Wohlhaben-

ten den rühmlichen Entschluß gefaßt, die Armenkin=
der zu sich ins Haus zu nehmen oder bey guten Leu=
ten für ihren Unterhalt und besonders dafür zu sor=
gen, daß sie unterrichtet und zu einer nützlichen Thä=
tigkeit angehalten werden. Die Verbesserung der Ju=
gend ist das sicherste Mittel, der zunehmenden Ver=
armung zu steuern. In jedem Dorfe der Insel (die
kleinern auf Westerlandföhr ausgnommen) ist eine ei=
gene Schule.

Der Boden der Insel ist eben, aber doch auf der
Geest nicht ganz flach; einige kleine Anhöhen gewäh=
ren einen Ueberblick der Umgegend und zum Theil
auch eine weite und schöne Aussicht auf das Meer.
Von keinem Punkt aus kann man die ganze Insel
übersehen und da man auf dem Lande, so wie man
sich nur vom Ufer entfernt, das Meer gar nicht er=
blickt, so hat man eine Mannigfaltigkeit von An= und
Aussichten und wir werden keineswegs beständig dar=
an erinnert, daß wir uns auf einer Insel im großen
Meere befinden. Auf dem freyen Felde stehen keine
Bäume, nicht einmal lebendige Zäune, da Gräben die
gewöhnliche Friedigung an den Wegen und die Aecker
nicht einmal dadurch von einander getrennt sind. In
einigen Dörfern des Ostertheils sieht man dagegen
viele Bäume und lebendige Hecken, wovon sie in der
schönen Jahreszeit ein sehr freundliches Ansehen ge=
winnen. Ueberhaupt wenden Einzelne viele Sorgfalt
auf die Anpflanzung von Bäumen und da der Bo=
den den Fortkommen derselben günstig genug ist, so
ist zu hoffen, daß die Commünen sich zur Anlegung
einer Holzpflanzung entschließen werden, welche von

unberechbarem Nutzen wäre und der Insel einst das
Ansehen wieder geben würde, was sie auf den älteren
Dankwerthschen Charten hat und durch die in der
Marsch beym Graben aufgefundenen Baumwurzeln
und Stämme bestätigt wird. Eine größere Anzahl
von Bäumen und Gesträuch enthalten die zum Ein⸗
fangen der Krickenten bestimmten Vogelkoyen, welche
man im Sommer auch wohl einmal zu einer Art von
Holzlustfahrt benutzt. Solcher Vogelkoyen giebt es
drey auf Föhr, sie sind eine Holländische Erfindung,
um Krickenten und anderes wildes Geflügel auf dem
Durchzug vom Norden einzufangen. Diese Kricken⸗
ten haben einen angenehmen Geschmack und sind auch
in Essig eingemacht, ein beliebter und häufiger Ausfuhr⸗
artikel. Ueberhaupt hat die freigebige Hand der Natur
dafür gesorgt, daß wir auf unserer sehr gesunden Insel
keine Noth leiden und Ackerbau und Viehzucht sind in
einem guten Zustande. Außerdem versieht die See
uns mit Seefischen, welche, wenn wir sie erhalten,
ganz frisch und von vortrefflichem Geschmack sind.
Vor allem ist nicht zu vergessen, daß Föhr von Au⸗
sterbänken umgeben ist. Vortreffliches Trinkwasser ist
auf der ganzen Insel, das (wenigstens gilt dieses für
Wyck,) durch Adern aus der Tiefe des Meeres nahe
bei den Halligen herströmmt.

Die Einwohner von Föhr sind, wie die der be⸗
nachbarten Inseln, Abkümmlinge der alten Fresen,
von denen der ehrwürdige Anton Heimreich schon
bemerkt, daß sie ihren Namen so wenig von fressen
als von frieren erhalten haben. Die Geschichte lie⸗
fert eben so viele Beyspiele von der Festigkeit und

Freysinnigkeit der alten Fresen *), als von ihrer Tap-
ferkeit, welche schon Julius Cäsar zu schätzen
wußte. Schwiege die Geschichte aber auch von ihren
Thaten, so hätten sie sich doch durch ihre Gesetze ein
bleibendes Denkmal auf künftige Jahrhunderte errichtet. Es ist bekannt, daß das merkwürdige alte Fre-
sische Landrecht, welches in den jetzt geltenden Rechten, nur gemildert, noch besteht, im Jahre 1426 in
der St. Nicolay Kirche auf Föhr entstand. Der Be-
obachter wird den würdigen Geist der Väter in dem
jetzigen Bewohner noch immer wieder finden, die ih-
rerseits das Recht Anderer achten, dagegen aber auch
ihr Recht und ihre Gerechtsame mit Freimüthigkeit
und Kraft geltend machen. Sie werden dadurch dem,
welcher den Menschen in dem Grade zu würdigen ge-
wohnt ist als er nicht der Spielball und das Werkzeug
Anderer ist, sondern dem eigenen freyen und überlegten
Entschluße folgt, achtungswerth und dem Fremden
interessant seyn. Die Männer haben überdieß durch
ihre Seereisen nach allen Welttheilen manche Kennt-
niße und eine Art Bildung, nicht bloß eine gewisse Ge-
wandheit des Körpers, sondern eine wirkliche Gewand-
heit des Geistes. Das Frauenzimmer hat den Ruf
eines schönen Wuchses und feiner Gesichtszüge, es wird
den Fremden durch seine besondere Tracht und die vielen Tücher, womit es sich, freilich nicht zu seinem
Vortheil, Kopf und Gesicht verhüllt, auffallen. Die

---

*) Sie hatten das Sprichwort: Phriso pro lieber-
tate mortem appetit, lieber todt, als unfrey. Heimreich Nordfresische Chronik Th. 1. S. 129 nach
der neuesten Ausgabe des Herrn Prof. Falk.

Wycker Frauen tragen eine eigends geformte Mütze und darüber ein weißes Tuch geknotet. Ueberhaupt finden sich bey aller Aehnlichkeit der Kleidertrachten auf den Inseln und Halligen eigene Unterschiede, woran das geübte Auge sogleich die Heimath erkennt. Alte Leute versichern jedoch, daß sich die Kleidertracht des Frauenzimmers in den letzten 50 Jahren sehr geändert habe und wenn die Göttinn der Mode fort-fährt, die Gränzen ihres Reiches auch auf die In-seln auszudehnen, so wird es vielleicht kein Jahrhun-dert währen, bis auf Föhr alles Frauenzimmer sich deutsch kleidet, wie man es hier nennt und wie der junge Anwuchs zu Wyck und zum Theil schon in den Dörfern gesehen wird.

Von allen Einwohnern auf Föhr wird die deut-sche Sprache geredet, da sie Sprache des Gerichts, der Kirche und des Unterrichts in der Schule ist. Der Fremde ist daher nicht so verlegen, wenn er kein Fresisch (was in Wyck) oder Föhringisch (was auf dem Lande gesprochen wird) versteht; als wenn er die vier Weltgegenden nicht zu finden wissen sollte; da alle Ortsbezeichnungen nach Seemannsweise darnach geschehen.

Besondere Merkwürdigkeiten der Natur oder Kunst wird man auf dieser Insel nicht suchen. Der Tem-pel des Jupiter, welcher einst zwischen Wyck und Das-gebüll stand, ist nebst den Tempeln des Saturn und der Phoseta *) auf Amrum seit Jahrhunderten ein

*) Phoseta oder Phosta, die vornehmste Göttinn der al-ten heidnischen Fresen, welche die Erde mit Blu-men, Kräutern und Früchten bekleidete.

B

Raub der Fluthen geworden, die jede Spur davon
vertilgt haben. Zu den Denkmälern der Vorzeit gehören indessen die vielen Grabhügel, besonders im
Westen, die jedoch immermehr dem Eisen des Pflugs
weichen, und insbesondere die sogenannte Burg, der
erhöhete Grund eines alten Schlosses der Familie
Lehmbeck, welche im Jahre 1400 Westerlandföhr,
Amrum, Lohharde und Tropburg an die Königinn
Margaretha für 500 m♃ Silber verpfändete, woher
diese Distrikte noch jetzt zum Stifte Ripen gehören.

Kann aber auch Föhr dem inquisitive traveller
keine besondere Merkwürdigkeiten zeigen, so wird der
Freund der Natur dennoch nicht ganz unbefriedigt
bleiben. Der Kenner wird vielleicht eben die große
Mannigfaltigkeit von Seegewächsen, Conchilien, Seefischen und Seevögeln auf Föhr finden, welche Norderney darbieten soll. Der erhabenste Anblick ist immer das Meer mit seiner Ebbe und Fluth, mit seinem klaren Spiegel im Zustand der Ruhe, begränzt
durch die lange Küste des festen Landes, worauf wir
Kirchen und Mühlen bey unbewölktem Himmel deut-
lich wahrnehmen, mit den Häusern der Halligen, die
an Venedigs Lagunen erinnern, mit der Dünenkette
Amrums, die als ein fernes Gebirge den Horizont
im Westen einschließt. So wie wir an der Küste,
die erquickende Seeluft einathmend, fortwandeln, gibt
eine stets veränderte Aussicht, durch häufige Segel
belebt, uns Abwechselung und wir entdecken endlich
auch die noch höheren Sandberge von Sylt. Wer
das große Meer nicht sah, der entbehrte den Anblick
eines der erhabensten Gegenstände in der Natur, wor-

nach der unsterbliche Schiller eine große Sehnsucht empfand, aber unbefriedigt mit sich ins Grab nehmen mußte. Wer sah das bewegte Element mit seinen heranströmenden Wogen ohne lebhafte Empfindung, ohne von der Gegenwart und Allmacht des Schöpfers und des Menschen Kleinheit tief durchdrungen zu werden!

Nach diesem Anblick thut es uns wohl, wenn die freundlichen Einwohner uns traulich entgegen kommen und wir vergessen gern unter einfachen Sitten das Treiben der großen Welt mit ihren Sorgen und Zerstreuungen. Daher die hier noch größere Liebe der Einwohner zu ihrer Heimath, die sie nach glücklich vollbrachten Reisen nach allen Ländern und Meeren fast immer wieder zurück ruft und sie ihr Leben beschließen läßt, wo ihre Wiege stand. Daher im Allgemeinen das frohe Seyn der Reisenden auf unserm Eilande und ihre bleibende Rückerinnerung daran. Daher wendet auch der Hr. Medicinalrath v. Halem Schillers Lob der Berge auf die Inseln an:

Auf den Inseln ist Freyheit;
Der Hauch der Grüfte
Steigt nicht hinauf in die reinen Lüfte.
Die Welt ist vollkommen überall,
Wo der Mensch nicht hinkommt mit seiner Quaal!

Die Beamten und Prediger auf Föhr leben in freundschaftlichen Verhältnissen und sehr gesellig; auch ist unter den ehemaligen Schiffscapitainen und Schullehrern viel Sinn für Lectüre und es besteht ein Lesezirkel für politische Zeitschriften und andere Bücher von allgemeinem Interesse. Wem die Bildung des

Menschen nicht gleichgültig ist, der wird durch den
Schulunterricht der hiesigen Jugend angenehm über-
rascht werden, wenn er die Landschulen des festen
Landes mit den hiesigen vergleicht, wo die Knaben
schwere Aufgaben aller Theile der Mathematik mit
der größten Leichtigkeit lösen, wobey denn freylich
nicht zu vergessen ist, daß für angehende Seefahrer
die Mathematik eine ganz unentbehrliche Wissenschaft ist.

„Föhr hat die große Annehmlichkeit vor den übrigen Inseln voraus, einen eigenen bestallten Landesarzt
und eine gut versehene Apotheke zu besitzen. Auch ist
hier ein Königl. Zoll und ein Königl. Postamt, wo-
durch die Correspondenz regelmäßig und sicher wird.

Haben wir uns nun mit Föhr und den Föhringern
bekannt gemacht, so werden wir vielleicht zu kleinen
Wasserfahrten in der Nähe Reigung finden. Ein gün-
stiger Wind bringt uns in zwei Stunden nach Amrum und begünstigt der Wind unsere Fahrt nicht, so
fahren wir zur Ebbezeit von dem Westende Föhrs aus
zu Wagen über den festen Meeresgrund fast ganz
trocken hinüber, wo kurz zuvor Schiffe segelten. Amrum hat seine eigenthümlichen Merkwürdigkeiten. Von
den hohen Sandhügeln, durch deren dichte Kette die
Natur die bewohnte Ostseite der Insel, Föhr, die Halligen, ja das feste Land vor der Gewalt der Fluthen
schützt und die ihre eigene Gewächse in ihren einge-
schlossenen grünen Thälern haben, hat man eine aus-
gedehnte Aussicht. Man würde Englands Ufer und
nach Norden die Eisberge des Poles sehen, wenn das
Auge des Menschen nicht seine Gränzen hätte. Der
Freund Ossians wird sich hier in dessen Heimath glauben.

Auch ist von Föhr aus eine Fahrt nach den Halligen, nach Sylt und selbst nach Helgoland leicht zu veranstalten.

Diese Darstellung macht nach ihrer angedeuteten Bestimmung auf keine Vollständigkeit Anspruch und kann um so weniger einer schonenden Beurtheilung entbehren, als sie unter mancherley Störungen von einer ungeübten Hand in der Eile entworfen werden mußte. Die erwähnte Schrift über das Seebad zu Cuxhaven und eine ähnliche Beschreibung der Anstalt zu Norderney von dem Herrn Medicinalrath v. Hallem sind bey der mannigfachen Aehnlichkeit des Gegenstandes auch für die genauere Bekanntschaft mit dem Seebade auf Föhr zu empfehlen und was von dessen Einrichtung noch mehr zu sagen wäre, muß, wie gesagt, einer künftigen Zeit vorbehalten bleiben. Wir wollen nicht mit den Zerstreuungen und Annehmlichkeiten der großen Badeörter in die Schranken treten und Föhr nur demjenigen empfehlen, welcher einen ruhigen und heiteren Aufenthalt dem Glänzenden und Rauschenden der berühmten Bäder vorzieht. Und es wird mancher, wo die Ersten von allen Seiten zusammen kommen, nicht ganz heimisch seyn und wenn das Leben ihn dort auch befriedigte, oftmals wieder in das Treiben und Wogen der großen Welt gerathen, was er eben vergessen wollte und mußte, wenn er von dem Baden Nutzen erwartet. Die Rücksicht aber, welche den Bädern im Auslande den Vorzug einräumt, daß wir dort nämlich ganz aus unserer gewohnten Umgebung mit ihren Sorgen und Plagen heraus kommen und eine ganz fremde Welt um uns sehen, diese Rücksicht entscheidet unter allen einheimischen Bädern für unsere Insel, wo nichts an das Bisherige erinnert und Verstand und Herz in einem neuen Kreise von Gedanken und Empfindungen Nahrung erhalten.

In welchen Fällen nun das Seebad zu empfehlen seyn möchte, dazu wird es nur im Allgemeinen einer Andeutung bedürfen, da doch Keiner ohne den Rath seines Arztes davon Gebrauch machen wird. Der gefälligen Mittheilung eines geschätzten Arztes verdanke ich folgende Aeußerung darüber:

„Das Seebad nutzt hauptsächlich in folgenden „Krankheiten:

„1. Bey der beständigen Geneigtheit zu Erkältungen „und Erkältungskrankheiten,

„2. Bey Rheumatismus und Gicht, jedoch mit Vor-„sicht und gehöriger Bestimmung der Umstände, „über welche ein Arzt zu Rathe gezogen werden „muß.

„3. Bey hartnäckigen Hautausschlägen, welche in un-„sern Gegenden besonders häufig vorkommen, näm-„lich bey der Krätze, den Flechten, dem Aus-„satze, veralteten scrophulösen Geschwüren; zur „Reinigung fauler scorbutischer Geschwüre ist das „Seebad von sehr großer Würkung, wie die Er-„fahrung vielfältig bestättig hat. Jedoch emp-„fiehlt Hufeland hier Vorsicht, daß vorher ein „gehöriger Gebrauch innerlicher Mittel gemacht „werde, das Uebel nur noch bloß Localkrankheit sey „und daß man erst mit erwärmten Bädern an-„fange und allmählig zu den kalten übergehen.

„4. In gewissen Perioden der Scrophelkrankheit und
„in der mit dieser verwandten Englischen Krank-
„heit, so wie bei der weißen Kniegeschwulst hat
„sich das Seebad als ein vorzügliches Heilmit-
„tel bewiesen.

„5. Noch ist die Kraft des Seebades groß und aus-
„gezeichnet in den Nervenkrankheiten. Krämpfe
„aller Art, spastische und convulsivische, Migränen,
„nervöse Zahnschmerzen, Brust- und Magen-
„krämpfe, Krampfcoliken, der Veitstanz, epi-
„leptische- und cataleptische Zufälle, anfangende
„Lähmungen sind dadurch vollkommen geheilt
„worden. Zuweilen freylich auch nicht, zuwei-
„len ist selbst Verschlimmerung erfolgt. Hier
„kommt es auf gewisse Bestimmungen an, die
„dem praktischen Arzte überlassen werden müssen.

„Bey der Hypochondrie und Hysterie ist das
„Seebad gewiß eins der herrlichsten Mittel, wenn
„sie von nervöser Art sind. Ein angesehener
„Mann, einige 30 Jahr alt, von —, der im
„hohen Grade an der Hypochondrie litt und
„der auf meinen Rath voriges Jahr das offene
„Seebad gebrauchte, hat dieser Cur seine Wie-
„derherstellung zu verdanken.

„Auch in den Geistes- und Gemüthskrankhei-
„ten kann man sich viel von der Heilkraft des
„Seebades, besonders von der örtlichen Anwen-
„dung desselben versprechen.“

Wer sich nun zur Benutzung des hiesigen Seebades entschließen möchte, würde sich baldmöglichst, wo

nicht an mich, an dem Herrn Fleckensdeputirten Knudt
Leosen zu Wyck, welcher die Aufsicht über die Anstalt übernommen hat, zu wenden haben, um die Art
des zu nehmenden Bades, wie die Zeit des Aufenthalts
zu bestimmen, auch das gewünschte Logis anzugeben.
Wir haben hier keine großen Wirthshäuser, um Fremde
aufzunehmen, sondern müssen diese bey den Einwohnern in artigen und reinlichen Zimmern unterbringen,
so wie es auf Norderney noch jetzt zur Zufriedenheit
der Gäste statt findet. Die hiesigen Einwohner haben recht gute Häuser und werden mit einander wett-
eifern, ihren Gästen die Wohnung möglichst bequem
und angenehm zu machen. Es wird die Veranstaltung getroffen, daß die Gäste Mittags und Abends
an einer Tafel zusammen oder für sich auf ihrem Zim-
mer speisen können; auch sind im Badehause Erfri-
schungen zu haben. Da die Lebensmittel auf Föhr
nicht theuer sind und das Ausheimische durch die be-
ständige Verbindung mit Husum und Hamburg sehr
leicht zu erhalten ist, so kann der Aufenthalt hierselbst
nicht theuer zu stehen kommen; es wird überdieß
alles Nothwendige vorher bedungen und der Preis
davon durch Anschlag im Badehause bekannt gemacht
werden. Für diejenigen, welche nicht Bedienung mit
nehmen, wird die beym Baden erforderliche Aufwar-
tung veranstaltet. Zur Verminderung der Kosten dagegen werden die Gäste sich selbst mit Wäsche zu ver-
sehen haben.

Die Eröffnung des Bades ist auf den 15ten Julii
d. J. bestimmt.

Die Reise nach Föhr ist nicht bloß zu Wasser von Tönning und Husum aus dem Süden und Hoyer und Süd-

westhörn aus dem Norden möglich, sondern noch siche-
rer zu Lande über Dagebüll, wo die Fähre nach Wyck
ist. Der Fährpächter hat mehrere gut bediente und
bequeme Fahrzeuge, worin man mit und ohne Wagen
ohne die mindeste Gefahr übergeht. Das Fährgeld be-
trägt in der Badezeit für das ganze Fahrzeug 3 ₰
Courant, worin Mehrere, die zugleich übergehen, sich
zu theilen haben, jedoch daß jeder nicht weniger als
8 ß geben kann. Durch ein kleines Trinkgeld wird
ein jeder gern die Aufmerksamkeit und Dienstfertigkeit
der Fährknechte belohnen. Die Zeit der Abfahrt von
Dagebüll ist nach dem Stillerschen Schlesw. Holst.
Almanach sehr leicht zu berechnen, sie ist bei günstigem Winde immer zwei Stunden vor der im
Almanach angegebenen Fluth nach Altona gerech-
net und bei ungünstigem Winde eine Stunde spä-
ter, als diese angegebene Fluthzeit. Die Reisenden werden wohlthun, dem Fährpächter Peter Ben-
dixsen in Dagebüll vorher von ihrer Ankunft Nach-
richt zu geben, damit er sich darnach einrichten könne,
wenn sie sich etwas verspäteten, vor allen Dingen
aber nicht auf den letzten Augenblick zu rechnen, denn
mit den Elementen ist kein Bund zu schließen und
die Fluth wartet nicht!

Nachwort

Zum 175jährigen Jubiläum des Seebades Wyk auf Föhr im Jahre 1994 erscheint in der Schriftenreihe des Dr. Carl-Haeberlin-Friesen-Museums der Nachdruck einer Werbebroschüre, die Hans Friedrich Carl von Colditz im Gründungsjahr 1819 verfaßt hatte und die er im nahen Husum drucken ließ. Diese kleine Schrift ist nur in einigen wenigen Exemplaren erhalten; daher rechtfertigt sich um so mehr der hier vorgelegte Reprint.

Im Jahr 1818 wurde v. Colditz auf der Insel Föhr zum Landvogt für Osterlandföhr sowie Birkvogt für Westerlandföhr und Amrum bestellt. Damit oblag ihm die staatliche Aufsicht über die örtlichen Selbstverwaltungen sowie die Ausübung der unteren Gerichtsbarkeit. Der 1776 in Schleswig als Sohn eine Oberstleutnants geborene Jurist hatte in Kiel und Heidelberg studiert; Föhr war die dritte Station seiner Laufbahn, die als Sekretär des Meldorfer Landvogtes begonnen hatte. Ab 1812 war er sechs Jahre Bürgermeister und Notar in Krempe/Holstein. Als er nach weiteren sechs Jahren Dienstzeit 1824 die Insel Föhr verließ, übernahm er das Bürgermeisteramt in Oldesloe, das er bis 1863 innehatte. Er verstarb 1872 in Kiel.

Heute gehören die „Kurgäste", wie man die Urlauber auf Föhr immer noch nennt, sogar im Winterhalbjahr zum gewohnten Bild der Insel. Der Weg vom Warmbadehaus zum modernen Wellenbad oder vom verborgenen Baden unter dem Sichtschutz des Badekarrens zum freizügigen Strandleben unserer Zeit hat die neuere Geschichte Föhrs bestimmt. Die Vision des Landvogtes – Fremdenverkehr als dominierender Wirtschaftsfaktor auf der Insel Föhr – ist in 175 Jahren zur Realität geworden. Seine Broschüre, damals Gästewerbung, stellt für den heutigen Leser ein bemerkenswertes historisches Zeugnis aus den Gründungsjahren der ersten deutschen Seebäder dar.

Konrad Grunsky

Umschlagbild: „Der Badeplatz". Lithographie aus: Friedrich von Warnstedt, Die Insel Föhr und das Wilhelminen See-Bad 1824. Schleswig 1824 (Nachdruck Leer 1979)

Die Deutsche Bibliothek – CIP-Einheitsaufnahme

Colditz, Hans Friedrich Karl von:
Das Seebad auf Föhr in der Westsee / von Land- und
Gerichtsvogt von Colditz. – Nachdr. der Ausg. Husum, Meyler,
1819. – Husum : Husum Druck- u. Verlagsges., 1994
  (Schriftenreihe des Dr.-Carl-Haeberlin-Friesenmuseums Wyk auf Föhr;
  N.F., Nr. 10)
  ISBN 3-88042-697-X
NE: Doktor-Carl-Häberlin-Friesenmuseum <Wyk>: Schriftenreihe des
  Dr.-Carl-Haeberlin-Friesenmuseums . . .

Satz und Reproduktion: Fotosatz Husum GmbH
Verlag und Herstellung: Husum Druck- und Verlagsgesellschaft
Postfach 1480, D-25804 Husum
ISBN 3-88042-697-X